AF483043

CERCLE RÉPUBLICAIN
DES TERNES & DE LA PLAINE MONCEAU

La République
de l'Avenir

Conférence faite au Cercle par M.

PAUL VIGUIER

CONSEILLER MUNICIPAL DE PARIS

ANCIEN PRÉSIDENT DU CONSEIL GÉNÉRAL DE LA SEINE

MEMBRE DU CERCLE

le 21 Juillet 1899.

*Tout s'oublie alors que ce serait le moment
de se souvenir de tout.*

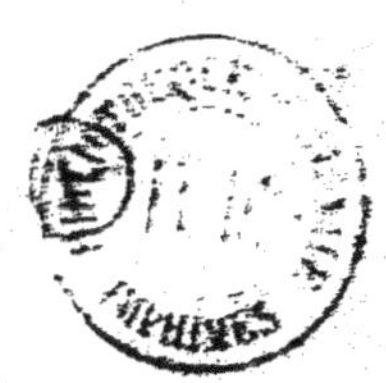

Toutes les fois qu'il y a crime
contre la Liberté et contre la Patrie,
cherchez Tartufe.

E. H.

(Epigraphe d'une S. L. n° 2, nov. 1895.)

En venant, à mon tour, causer avec vous de la chose publique, et réfléchir sur nos destinées — dont il ne tient qu'à nous d'être les maîtres — je ne perds pas de vue le but que se sont proposé les fondateurs de ce Cercle républicain: vous avez voulu établir un fonds d'idées, unifiées et communes, entre deux quartiers de Paris, appartenant à la même circonscription politique, et jusqu'alors divisés par de savants malentendus sur les vraies nécessités de la Défense républicaine et du Progrès social.

Pour parvenir à cette unification de la pensée publique, c'est à l'attention des consciences droites, à la mutuelle confiance des hommes de bonne volonté, à l'esprit de concorde qu'il faut avoir recours; c'est à tous ces éléments d'union et de force qu'avant tout je me permets de faire appel; car, au temps d'évolution où nous sommes, les idées, les points de vue peuvent apparaître comme très complexes, mais il y a des choses qui sont toujours simples : la droiture et la bonne volonté.

La *République de l'avenir* sera ce que nous la ferons; pour savoir ce que nous devons la faire, il faut, avant tout, nous rendre compte des obstacles que la Nation souveraine a rencontrés devant Elle depuis trente ans.

Et pour voir clairement ces obstacles, pour éviter toute surprise de l'esprit, pouvant résulter des inci-

dents contemporains, je vous demande la permission d'emprunter mes aperçus à des documents remontant déjà aux périodes anciennes, antérieurs par conséquent à toutes les polémiques qui ont pu agiter l'opinion pendant ces dernières années. Si les souvenirs que je vais invoquer ont date certaine, si les prévisions qu'ils comportaient en leur temps se sont trouvées vérifiées par des événements postérieurs et de vous bien connus, vous en conclurez nécessairement, scientifiquement pour ainsi dire, que le point de vue était juste et qu'en toute certitude votre raison peut s'y tenir.

Remontons tout d'abord à l'époque douloureuse où le régime trompeur des parjures cléricaux-césariens, obéissant à une loi fatale de l'histoire, a conduit la Patrie française à la plus cruelle des mutilations. C'était en 1871 : par la Force et contre le Droit, l'Alsace et la Lorraine étaient séparées de nous. Les bons citoyens gémissaient des horreurs de la guerre civile succédant à celles de la guerre étrangère, et cherchaient à analyser les moyens de rétablir, au sein de la République naissante, l'équilibre dont Elle avait besoin. Au milieu des catastrophes, au mois de **mai 1871**, parut une lettre adressée *aux Hommes de bonne volonté sur la politique prétorienne*; elle débutait ainsi :

Il y a des républicains et des monarchistes qui sont d'accord pour vouloir nous rendre un EMPIRE *SANS* EMPEREUR.

Grâce à eux, la France se précipite aveuglément vers l'unique danger qui la menace, à savoir :

Le régime autoritaire et prétorien qui l'a toujours

perdue en faussant toutes ses constitutions poli-
tiques.

La Révolution n'est pas faite.

Elle est à faire, — ou à finir, — au moyen de
réformes légales, pacifiques, mais radicales.

La réflexion me l'a démontré.

Je veux tenter de le démontrer à mon tour à ceux
qui prendront la peine de me lire.

Dans cette lettre je relève les passages suivants,
qu'après un quart de siècle il peut encore être bon
de méditer :

...Il n'y a pas en ce moment de plus ingrat métier
parmi nous que celui d'avoir le sens commun...

Et pourtant l'avenir appartient, non aux illu-
minés qui s'emportent, mais aux sages qui réflé-
chissent.

Il est très certain que l'Empire a fait perdre à la
France l'habitude de réfléchir.

Il est très certain aussi que si les Français con-
tinuent à tout juger sans recherches, sur de simples
impressions, ou sur des souvenirs à la façon des
petites-maîtresses, la France est perdue et descendra
avant peu au dernier rang des nations.

Il faut donc réfléchir; chose simple, nécessaire,
et que nous ne pratiquons plus...

Malades et meurtris, sachons analyser notre mal
pour le soulager et le guérir...

...Réfléchissons.

Il le faut : il y va de la vie.

Et quelles étaient les conclusions de l'auteur ? les
voici :

Avec les institutions et les hiérarchies des Pouvoirs publics imaginées par le premier consul Bonaparte pour perfectionner les rouages de la servitude, et pour que les volontés individuelles parussent intéressées à l'asservissement de la volonté collective, tout régime qui parlera de déduire les conséquences pacifiques de la Révolution mentira sans le savoir au pays et à lui-même; car il sera la contre-révolution; il sera le maître et non l'exécuteur des volontés publiques; il amènera donc insensiblement et fatalement la révolte dans un pays où le peuple est proclamé souverain tous les jours et où les conspirateurs sont toujours disposés à profiter de son mécontentement quand il s'aperçoit qu'il ne l'est pas.

Les intentions libérales des hommes auxquels la France pourra s'abandonner ne changeront rien à cette conséquence nécessaire des faits antérieurs, des habitudes passées dans les mœurs et de la coalition des intérêts routiniers au sein des castes officielles.

Il faut choisir :

Ou bien des institutions démocratiques, avec un gouvernement impersonnel sans secousses, émanant de la volonté nationale et fonctionnant par des rouages formés à son image;

Ou bien des institutions despotiques avec un despote prétorien, et les cataclysmes auxquels elles conduisent si ces cataclysmes sont de notre goût.

Mais un organisme antidémocratique avec un gouvernement qui prétendrait continuer les traditions libératrices de la Révolution, c'est l'impossible.

C'est la contradiction, sinon dans l'esprit de celui qui gouverne, du moins dans les faits de chaque jour, sur lesquels un peuple juge son gouvernement.

C'est la source de tous les tiraillements et de tous les troubles.

C'est l'équivoque dont abusent les adversaires de la liberté humaine pour éterniser les despotismes de détail dans lesquels chacun d'eux a fait son nid...

C'est, en fin de compte, le triomphe du prétorianisme pur et par lequel cet organisme a été jadis inventé.

Je vous le demande, mes chers amis, n'est-ce pas, vingt ans par avance, la définition des causes qui devaient condamner la troisième République à la dure épreuve de l'aventure boulangiste?

Et n'assistons-nous pas, en ce moment même, à un viril effort tenté par tous les Républicains de bonne foi pour arracher notre chère armée française aux entraînements, dans lesquels les cléricaux-césariens, plagiaires de tous nos abaissements, voudraient aujourd'hui la faire sombrer?

J'ai parlé des « cléricaux-césariens », et c'est surtout là-dessus que doit s'exercer la « réflexion » dont je parlais tout à l'heure.

Les aspirants-Césars, les candidats-dictateurs, les entrepreneurs de coups de force au nom de je ne sais quel patriotisme de l'équivoque qui commence à s'effondrer devant la clairvoyance publique, sont en effet, sinon un danger formidable, tout au moins une cause permanente d'agitations et de discrédit national. Mais ils ne sont que des instruments, qui jouent de l'investiture des Prétendants pour mieux dissimuler celle qui leur vient de la Congrégation. L'action cléricale forme le fond de toutes leurs manœuvres, et la main-mise des Jésuites sur la France, qui a pris sous le second Empire de si formidables proportions, s'étendrait sur toutes nos forces vives et sur tous les organes de notre vie nationale d'une façon plus formidable encore, si jamais l'un des fantoches qui leur servent de pantins ou l'un des Machiavels qui leur servent de compères pouvait réussir à s'emparer des Pouvoirs publics qui ne leur appartiennent plus.

Il y a cinq ou six ans, quelques-uns de nos amis, cherchant à se rendre compte des causes qui, sous la troisième race de nos rois, avaient élevé constamment des ecclésiastiques au rôle de premiers ministres, en étaient arrivés, en s'inspirant des écrits du célèbre Montyon, à faire les constatations suivantes :

1° De tout temps, l'action politique de l'Eglise n'a eu de religieux et de confessionnel que l'apparence extérieure;

2° Ceux qui ont exercé cette action ont été des hommes, non pas de foi, mais d'intrigue;

3° La discipline des consciences par le dogme, bonne pour les autres mais non pour eux, a été le moyen, par eux savamment mis en œuvre;

Mais le vrai but, le but unique, constant, a été l'exercice effectif du Pouvoir temporel parmi les Hommes.

Nous sommes peut-être un peu loin de la Révolution française, disaient-ils, *pour rechercher aujourd'hui, avec quelque espoir de certitude et de succès, comment l'Eglise, dépossédée de cette domination séculaire qu'analysait si magistralement Montyon*

*dans ses causes et dans ses origines, s'est arrangée
d'abord, il y a cent ans, pour faire supprimer, les
uns par les autres, tous ceux qui personnifiaient,
sur un degré quelconque de l'échelle démocratique,
la laïcité et l'indépendance extra-cléricale des Pouvoirs publics, comment elle est ensuite parvenue à
restaurer à son profit l'exploitation collective du
surnaturel et la direction politique des affaires, en
mettant en œuvre les survivances héréditaires des
esprits, ou les ambitions aveugles des usurpateurs et
des orgueilleux.*

Mais il leur suffisait d'envisager Napoléon littéra-
lement déifié en vue de la restauration théocratique
qu'on attendait de lui, et la Terreur blanche condui-
sant Charles X aux *ordonnances* qui lui étaient
inspirées par le Saint-Esprit, pour arriver à cette
constatation, publiée par eux au mois de **mars 1894 :**

*Ce que nous devons retenir, c'est que l'Eglise,
promettant à tous successivement l'accession et la
perpétuité du Pouvoir politique pour prix et en
échange de la perpétuité du sien, les conduisait invariablement à leur perte; du jour où la Nation s'aper-
cevait que la secte cléricale commandait en maîtresse
dans la maison.*

*Et ce que nous devons retenir aussi, c'est que la
doctrine historique du « Paris vaut bien une messe »
conduit invariablement à l'assassinat, par les fana-
tiques, de ceux qui ont la générosité, la naïveté ou la
fourberie de vouloir l'appliquer.*

L'avertissement fut négligé, comme toujours, et

cette imprévoyance coûta à la Patrie un de ses deuils les plus cruels.

Il faut citer encore quelques passages de ces déclarations de 1894, car elles sont vraiment édifiantes :

C'est surtout de l'action de l'Eglise sous le régime républicain qu'il s'agit de nous rendre compte, si nous voulons voir clairement le péril, afin d'en préserver la Patrie. Les consciences individuelles des catholiques n'ont rien à voir en toute cette affaire ; ils sont collectivement dupes, comme la Nation est collectivement victime.

C'est aux auteurs ecclésiastiques eux-mêmes que notre ami Pichon, ancien député, a emprunté ses témoignages pour analyser la « diplomatie de l'Eglise sous la troisième République », dans une étude substantielle et courte que devraient méditer tous les républicains, surtout ceux qui sont tentés de voir des conditions d'apaisement dans les caresses des cléricaux, et dans le cent-unième ralliement de la camarilla des dominations anciennes...

Pendant l'occupation allemande, nous voyons le cardinal archevêque de Rouen traitant du rétablissement du Pouvoir temporel du Pape avec le général protestant M. de Manteuffel, puis avec M. le duc de Mecklembourg, avec M. de Bismarck et avec le roi de Prusse. A la même époque, l'évêque Dupanloup organisait les pétitions contre l'invasion de Rome par les Piémontais, et préparait, d'accord avec notre ambassadeur au Vatican, un violent discours contre l'envoi d'un représentant de la France au Quirinal.

Il faut noter, à l'époque des projets de fusion,

l'effort tenté par M. Dupanloup auprès de M. le comte de Chambord pour le détourner de publier son manifeste qui maintenait le drapeau blanc, puis cherchant à faire intervenir le Pape pour faire accepter l'idée de « fleurdelyser le drapeau tricolore » C'est le prélat qui pousse au mensonge le descendant des anciens rois, et c'est le prétendant au trône qui s'y refuse! Que dire des intrigues concordantes de M. Pie, évêque de Poitiers, en faveur d'une « monarchie chrétienne », et de M. de Bonnechose travaillant en faveur d'une restauration bonapartiste, assurant l'envoi d'un ambassadeur français auprès du Saint-Siège, et faisant, par tolérance évidemment, refuser les honneurs militaires dans les enterrements civils...

Et, pour faire triompher l'idée républicaine, pour déjouer la manœuvre cléricale, pour léguer à ceux qui nous succéderont un bonheur que nous n'aurons pas connu, celui de voir la faveur publique s'attacher dans notre pays exclusivement et sans conteste à la droiture et à la loyauté, deux conditions sont nécessaires : nous recueillir et nous unir plus cordialement que nous ne l'avons jamais fait.

Je termine cette trop longue citation par un passage qui est, à proprement parler, l'histoire anticipée des quatre dernières semaines que nous venons de traverser :

Aucune résistance efficace aux tentatives rétrogrades organisées par la Société du Gésù ne sera possible, si nous ne commençons pas par nous rendre compte de la perfide souplesse de ses mouve-

ments, des courants d'idées multiples et en appa-
rence divergents auxquels elle donne un corps pour
en faire les composantes d'une force résultante
finale, favorable aux desseins qu'elle poursuit, enfin
des méthodes qui lui réussissent pour se faire
seconder, grâce à de fallacieuses promesses, par
ceux-là même qui devraient être à nos côtés pour la
combattre.

Se recueillir, réfléchir, observer, ramener ceux
qui fléchissent au lieu de les jeter par-dessus bord,
tel est, pour ceux qui ont conscience du « danger
nouveau », le devoir qui s'impose à tous : devoir
ingrat, mais digne des vrais courages, digne de ceux
qui, à toutes les époques, ont été les seuls, les vrais
apôtres de la tolérance !

Ne semble-t-il pas, mes chers amis, qu'avec une
avance de près de six années sur les événements
quotidiens, les républicains clairvoyants ont entrevu
les conditions de salut public auxquelles tous les
fidèles serviteurs de la nation devaient souscrire
pour mettre enfin la Force nationale au service du
vrai Droit?

Ne vous apparaît-il pas clairement que l'ennemi
séculaire du Peuple français c'est celui que Gam-
betta, éclairé par son patriotisme, avait hautement
dénoncé à tous ceux qui devaient lui survivre.

N'êtes-vous pas frappés de la persistance des
entreprises qui cherchent à fausser notre éducation
nationale à tous les degrés, notre armée dans tous
ses cadres, nos diverses couches sociales dans toutes
leurs aspirations?

L'apaisement subit qui s'est fait, depuis une quinzaine de jours, dans une série d'entreprises qui avaient pour objet d'attiser toutes les convoitises et d'énerver le sentiment public, n'est-il pas pour vous la démonstration des périls que peuvent faire courir à la Patrie et à ses institutions les compromissions occultes avec ceux qu'on pourrait appeler les éternels tentateurs? Quand ces compromissions changent, tout change, et le péril public s'évanouit!

Ne nous méprenons donc pas sur le genre d'effort que nous avons à faire, sur l'ère de clairvoyance politique que nous avons le devoir d'inaugurer.

C'est celle que je me permettais, le 5 novembre 1898, au banquet de notre ami Beurdelay, de recommander pour en imposer aux mauvais vouloirs *par la formation d'un bloc républicain* dans ses actes.

La République de l'avenir sera celle où l'Instruction publique, à tous les degrés, s'appliquera à faire des républicains par l'esprit et par le cœur; ce sera celle dans laquelle les perfidies et fourberies jésuitiques de toute espèce seront l'objet de la réprobation généralisée du suffrage universel.

Ce sera celle où chaque citoyen, instruit par les épreuves que la République renaissante aura traversées, et que notre histoire nationale aura pour lui clairement récapitulées, se considérera comme un gardien vigilant appelé à monter la garde autour de la forteresse de nos Progrès et de nos Libertés, que menacent depuis plusieurs siècles les audaces et les hypocrisies de la secte cléricale.

L'effort, présentement poursuivi, contre tout ce qui fait la gloire de l'esprit français, dépasse, par suite des imprévoyances républicaines des dernières années, tout ce qu'il est humainement possible d'imaginer : la résistance doit être proportionnée à ces coupables manœuvres ; — et j'adjure tous nos amis, dans cette lutte qui sera décisive, à faire abnégation d'eux-mêmes pour le succès commun, et à se considérer comme les champions d'une noble cause qui fait appel à toute leur clairvoyance autant qu'à leur courage.

Qu'ils se défient des entraînements de l'esprit, des grands mots retentissants avec lesquels les malins essaient de surprendre la bonne foi des foules ou de déterminer des courants d'opinion favorables aux secrets desseins de la Congrégation ; qu'ils s'en tiennent aux leçons de l'histoire, aux faits qui sont d'expérience, aux tentatives précédemment avortées contre la stabilité républicaine, aux entreprises sans cesse dirigées contre tout ce qui est laïque, contre tout ce qui pousse à l'affranchissement de l'esprit humain.

D'autres pays, comme la Suisse, ont su fonder chez eux l'idée républicaine, et la rendre intangible par l'état de leurs mœurs et la solidité des principes publics. Tâchons qu'il en soit ainsi dans notre région des Ternes et de la Plaine Monceau ; sachons donner cette solidité morale à notre République française de l'avenir !